420

Le Monde Merveilleux des Jouets en Alsace

« On est de son enfance
comme on est d'un pays. »

Saint-Exupéry

Nous tenons à remercier toutes les personnes qui, par leur enthousiasme
et leur compétence ont assisté l'auteur dans l'aboutissement de cet ouvrage :

Monsieur Benoît Bruant, conservateur du Musée historique de Mulhouse
Madame Chapelle,
Monsieur Dungler,
Madame et Monsieur Haeusser, de la Nef des Jouets,
Monsieur Nicolas Léonard,
Monsieur Frédéric Luckel, du Musée Westercamp à Wissembourg,
Madame Estelle Mery, du Musée Oberlin de Waldersbach,
Monsieur Charles Muller, de l'imprimerie de Wissembourg,
Monsieur Denis Sainteff,
Monsieur Yannick Scheibling, de la Maison Hansi de Riquewihr,
Madame et Monsieur Schmidt,
Monsieur Robert Schreiner, de l'Ecomusée d'Alsace,
Madame Christiane Spéroni, des Musées de la Ville de Strasbourg.

Merci également à Christian Kempf qui, par son talent de photographe
et sa disponibilité constante, a fait de ce voyage au pays des jouets un itinéraire inoubliable.
Nous tenons à saluer la mémoire de Maître François Lotz,
qui nous a consacré de son temps précieux, quelques jours avant sa disparition.

Iconographie et conception : Pasky
www.lalibrairiedujouet.net
Conception & réalisation graphique : Studio Emergence

ISBN 978-2-914856-58-4

8 rue de la Ziegelau - 67100 Strasbourg
Tél 06 22 52 02 01

Pasky

Le Monde Merveilleux des Jouets en Alsace

EDITIONS DU DONON

Cheval tricycle en bois et fonte de 1906. Le cheval mécanique ou «vélocimane» avec chaînes, roues dentées et manivelle est inventé par le français Gourdoux en1822.

Avant-propos

Nous avons conçu cet ouvrage comme on effectue un voyage. Au départ, une liste d'étapes essentielles est dressée, puis on s'aperçoit chemin faisant que les détours prennent plus d'importance que le parcours initialement prévu. En fait nos vagabondages ont imité les promenades sans but précis de notre enfance. « Je suis le rêveur qui demeure » déclarait Henry Miller. Cet adage, il faut l'avoir à l'esprit dès que l'on s'intéresse à l'univers de l'enfant.

C'est ce que nous avons fait avec « Le Monde merveilleux des Jouets en Alsace », car c'est la seule façon de garder intacte notre capacité d'émerveillement, celle -là même que possèdent naturellement les enfants. Dans tous les voyages on fait des rencontres et ce fut le cas très souvent lorsque nous avons cherché à illustrer un thème. Tel musée nous indiquait un collectionneur qui lui-même nous faisait rebondir vers un particulier possédant un jouet alsatique.

Avec le jouet, l'enfant s'éveille et apprivoise son environnement immédiat. Le jouet est support de jeu mais aussi vecteur d'intégration au monde des adultes.

C'est en ce sens que beaucoup d'entre eux sont réalisés par les artisans alsaciens. Les matériaux utilisés sont ceux de la vie courante ; le bois, la terre, l'argile. En Alsace plus qu'ailleurs, les créateurs, le plus souvent anonymes, s'attachent à mettre en avant un particularisme régional.

Il s'agit avant tout de créer les jouets qui sont caractéristiques de la classe sociale de l'enfant afin de mieux le préparer à sa vie d'adulte. C'est pourquoi, les enfants des bergers des Hautes Vosges peupleront leur marcairies miniatures avec des animaux taillés dans le bois, alors que les familles bourgeoises de Strasbourg posséderont de luxueuses chambres de poupées.

Bien qu'il soit impossible d'être exhaustif en ce qui concerne le jouet alsatique, encore faudrait-il faire l'unanimité sur les critères d'un tel jouet, nous avons tenté de réunir ceux qui ont eu la préférence des garçons et des filles d'Alsace.

Ces jouets couvrent une période allant du début du dix-neuvième siècle au milieu du vingtième siècle. C'est également un temps de grande créativité pour les jouets, aussi bien pour l'esthétique que pour l'ingéniosité de leur fabrication.

Certaines pièces ne furent réalisées qu'à l'unité comme cet intérieur de maison envoyé par un admirateur à Hansi. D'autres ont connu une très large diffusion au-delà de la région comme les images éditées par l'imprimerie Wentzel. Qu'ils soient œuvres d'art comme les petits soldats d'Alsace peints à la main, fabriqués en série comme les jouets en tôle créés par Joustra, ils ont un point commun :

Ils sont tous visibles en Alsace.

Marottes de la région de Mulhouse, vers 1900, en bois peint et tissu.

1

Les Jouets du monde Rural

« Quand l'écolier se déshabille,
de ses habits tombent des billes… »

Claude Nougaro

Cavalier de Wissembourg, autour de 1900,
bois peint et socle avec roues en fer.

Les Jouets du monde Rural

A l'image des personnages grimaçants figurant en page six, la grande créativité des artisans d'Alsace s'est exprimée dans bien des domaines. Ces grandes marionnettes de bois polychrome et de tissu sont des « marottes » de la région de Mulhouse. Elles étaient utilisées dans des spectacles itinérants que des forains promenaient de village en village, avec un répertoire que nous ignorons actuellement.

La grossièreté de leurs traits et l'emploi outrancier de la couleur leur donnent un côté satirique qui fait tout leur charme et qui a dû enchanter les enfants du Haut-Rhin. Le bois, matière douce au toucher et facile à façonner, est la matière première idéale pour créer des jouets rustiques. Ces jouets étaient pour la plupart l'œuvre de menuisiers ou de paysans. Des troupeaux entiers d'animaux ont été sculptés dans des bois tendres, comme ceux que les bergers marcaires des Hautes Vosges ont réalisés. Le potier Hermann, installé dans la vallée de Munster, a également réalisé dans la deuxième moitié du dix-neuvième siècle des animaux en terre pour agrémenter les marcairies miniatures des enfants.

L'un des tout premiers jouets de l'enfant est le hochet (*Rossele*) qui s'agite dans le berceau. Ces hochets de terre cuite, on les trouvait déjà dans les monuments funéraires d'enfants de l'école byzantine.

En Alsace on a découvert dans les sépultures du premier âge de fer à Marlenheim des hochets en argile creux avec des formes animales. Le plus rudimentaire d'entre eux est fourni tel quel par la nature : il s'agit de la fleur de pavot contenant les graines qui le font résonner. En grandissant, l'enfant s'intéresse aux sifflets (*Wasserpfifle*) que l'on remplit à moitié d'eau. Ces sifflets étaient à l'honneur à la Saint-Gangolphe au mois de mai. Ils sont l'œuvre des artisans potiers d'Alsace et existaient dès le Moyen Age. Ils sont le plus souvent façonnés en terre cuite vernissée et prennent l'aspect des animaux familiers du monde rural : coq, poule, chouette, etc. Ces mêmes potiers ont créé d'innombrables tirelires animales et aussi en forme de sein maternel, selon une tradition remontant au quinzième siècle, voulant leur donner une image d'abondance.

Les petits garçons jouent à la toupie, qu'ils font tourner à l'aide d'un fouet ou d'une ficelle. Cette toupie a de nombreuses appellations suivant les régions d'Alsace : *Topf, Zwervel, Hornus, Ruri,* etc.

Le jouet préféré des garçons d'Alsace est lié au moyen de locomotion le plus répandu dans le milieu rural, c'est-à-dire le cheval. Au cours de nos recherches nous en avons trouvé d'innombrables représentations. Qu'il soit le reflet de la vie militaire ou lié à des événements de la vie civile, le cheval a inspiré les artisans d'Alsace. J. G. Kusian, fabricant de jouets strasbourgeois du dix-neuvième siècle en a réalisé les plus beaux spécimens. Les magnifiques attelages très fidèles à la réalité qu'il nous a légués, reproduisent en miniature ceux

Jouets du Musée Alsacien.

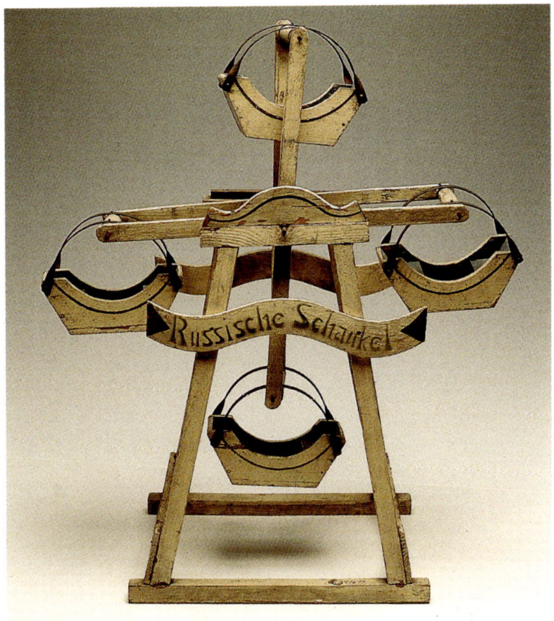

Grande roue de foire en bois, artisanat rural.

utilisés dans les vignobles alsaciens. L'intérêt de Kusian se porta également vers les jouets pour filles puisqu'il créa de superbes maisons de poupées. L'image du cheval est déclinée sous plusieurs formes de jouets : le cheval richement harnaché qui apparût à la Renaissance, réalisé le plus souvent en bois polychrome, le cheval à bascule du dix-septième siècle et enfin le cheval mécanique ou « vélocimane » à trois ou quatre roues avec chaîne, roue dentées et manivelle, invention du français Gourdoux en 1822. Vers 1850, on préfère les chevaux attelés et les voitures, carrosses et coches divers qui auront la faveur des garçons jusqu'à 1870.

L'enfant et le cheval-jouet sont très présents dans l'imagerie et les photographies du début du vingtième siècle, tant que le cheval est indispensable à la vie économique de l'Alsace. Les autos et camions de l'ère moderne le supplantent définitivement dans la première moitié du vingtième siècle. Avec le désenclavement

Cheval en bois polychrome et composition, vers 1900.

Fourgon postal en bois avec cheval attelé, fin XIXe siècle.

Attelage en bois, carton bouilli et métal, personnages en porcelaine, fin XIXe siècle.

Voiture attelée, travail artisanal du Sundgau.

Ensemble de soldats en bois polychrome, façonnés en forme de jeu de quille.

Attelage avec chevaux, réalisation de J. G. Kusian, 1873.

Pochspiel en bois vernis avec marqueterie de la région de Mulhouse .

Figurines pour enfants, réalisés par les potiers de Soufflenheim, terre cuite vernissée, fin XIXe siècle.

Jouets primitifs en bois de la vallée de Munster, vers 1900.

Figurines pour enfants, réalisés par les potiers de Soufflenheim, terre cuite vernissée, fin XIXe siècle.

Sifflet à eau en terre cuite, oiseau-poule, région du Sundgau.

progressif des campagnes, le jouet rural perd peu à peu son identité et les enfants jouent uniformément aux jeux de la ville où se concentre la vie économique. Les filles jouent à « l'épicière » et à la « buraliste ». On leur offre les poupées habillées à la dernière mode que l'on peut admirer chez le mercier, que l'on appelait alors le « faiseur de poupées » (*Puppelamacher*).

C'est aussi l'époque où l'enseignement obligatoire inspire la création de nombreux jouets : écoles miniatures, constructions de papier découpé, jeux éducatifs. Les garçons d'Alsace, informés des productions industrielles de jouets de Nuremberg par les nombreux catalogues qui circulent, préfèrent les jouets à mécanisme et délaissent ceux attachés à la tradition rurale. Bien que la qualité de ces jouets diffusés en grand nombre ne soit pas en cause, on peut regretter que cela eût pour conséquence d'anéantir toute créativité liée à la région où garçons et filles grandissaient.

En Alsace comme ailleurs, la tradition des jouets en bois et en terre se perpétue pendant tout le dix-huitième siècle. Imaginés par des paysans ou des bergers (les marcaires des Hautes Vosges), ils traitent souvent des thèmes animaliers. On retrouve la même tradition dans les pays voisins. En Suisse, des fermes assorties de personnages sont façonnées dans des bois tendres. Dans les vallées du Valais, on privilégie la sculpture plus réaliste d'animaux. Dans les Grisons, les bergers taillent au couteau des troupeaux de vaches très proches de ceux identifiés dans la vallée de Munster. Les jouets en argile cuite et vernissée sont en majorité l'œuvre des potiers du Sundgau, où l'art animalier s'est exercé sur de multiples objets, qu'ils soient sifflets à eau, hochets, tirelires, écritoires.

Ces poteries bon marché faisaient partie de la bimbeloterie vendue à l'occasion des foires de villages, régionales (*Häfelemärick*) ou par des camelots et colporteurs ambulants.

Tirelires, terre cuite vernissée, Soufflenheim, fin XIXe siècle.

Pierre lithographique servant à l'impression des planches. Souvent ces pierres étaient gravées des deux côtés. La lithographie est un procédé rendant possible la reproduction d'un dessin tracé avec un corps gras sur une pierre calcaire qui, enduite d'une solution gommée, ne laisse apparaître que le dessin soumis à l'encrage.

2

l'imagerie Wentzel de Wissembourg

« L'âge n'est qu'un simulacre. Au plus profond de soi,
il n'y a de vif et de vrai que son enfance et sa jeunesse. »

Jacques Ferron

Château de Berwarstein, résidence du seigneur brigand Hans von Trott, qui est devenu l'archétype du père fouettard alsacien Hans Trapp.

L'imagerie Wentzel de Wissembourg

La production de l'imagerie Wentzel de Wissembourg est considérée à juste titre comme l'une des plus importante et ce dès le milieu du dix-neuviève siècle. Les deux autres centres régionaux de diffusion d'images étaient ceux d'Epinal et de Metz. L'imagerie Wentzel fut fondée en 1831 par Jean Frédéric Wentzel. A cette époque, selon la volonté de l'empreur Napoléon qui promulga des décrets en ce sens, il fallait réunir les brevets d'imprimeur, de lithographe et de relieur pour éditer et commercialiser des images.

Ayant rassemblé ces trois conditions, Wentzel commença sa production d'images imprimées en publiant essentiellement des thèmes religieux ; des prières ou des litanies (*Gebetszettel*) telles qu'elles existaient déjà en Allemagne.

L'imprimerie de Wissembourg comportait en 1845 des presses lithographiques ainsi qu'un atelier de gravure sur bois (les planches gravées servaient de matrices) dédié à l'imagerie. Après le vif succès qu'elle remporta à l'Exposition Universelle de Paris en 1867, l'imagerie Wentzel occupait dans ses ateliers vingt-six ouvriers typographes et près de cent vingt hommes et femmes chargés de colorier au pochoir les images en noir et blanc sorties des presses lithographiques. Pour le mois de juin 1870, le registre de la maison, où sont consignées les éditions, nous informe que cent sept mille images on été coloriées à la main. La couleur s'appliquait alors à l'aide d'un pochoir et il fallait un passage d'encre par couleur.

Ces images étaient vendues par des colporteurs qui démarchaient les familles munis de catalogues. Ces « représentants de commerce » avant la lettre, qui visitaient les villages de toute l'Alsace permirent de créer un véritable marché de l'image. On considère qu'un habitant sur six achetait au moins une image par an.

Parmi la profusion de sujets édités par l'imagerie de Wissembourg, nous avons extrait les magnifiques planches conservées au Musée de Pfaffenhoffen qui illustrent les jeux des petits alsaciens à la fin du dix-neuvième siècle. La maison possédait également un dépôt vente à Paris. Wentzel voulut avant tout donner un rayonnement extra-frontalier à son entreprise et de ce fait, les légendes des images étaient le plus souvent imprimées en une dizaine de langues. Ceci explique aussi que dans les thèmes traités , il y ait assez peu d'alsatiques.

Les thèmes de l'imagerie

En dehors des sujets qui accompagnèrent les débuts de Wentzel, c'est par les thèmes profanes que s'exprima le mieux le savoir-faire de l'imagerie. Sa production fut le véritable reflet d'une période qui va de 1840 à 1920. Au départ l'enfant n'est abordé que sous un angle pédagogique. En 1838, encouragé par le ministère de

Vue de Strasbourg.

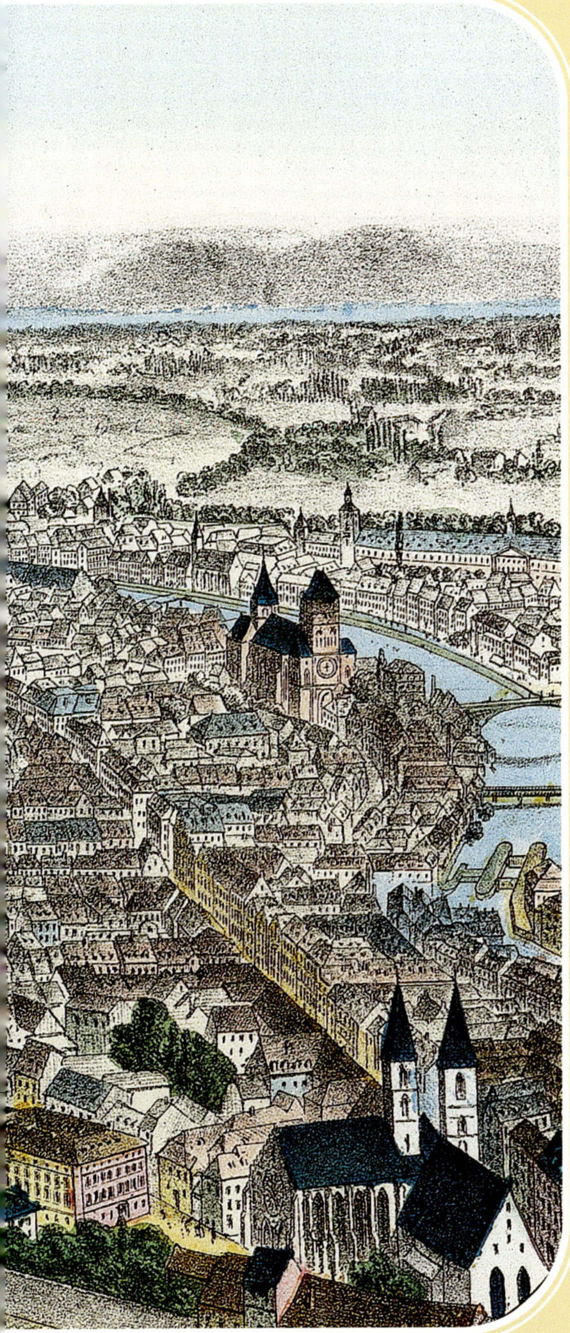

Jeux d'enfants : le saute-mouton.

l'Education Nationale, Wentzel commercialisa les « tableaux d'enseignement d'aspect ». Ces planches à découper représentaient des maisons paysannes avec l'ameublement intérieur que l'enfant reconstituait en volume.

Il y eut parallèlement de superbes crèches de papier à découper.

L'école du village, une bergerie et une étable (appelée vacherie dans les catalogues !) viendront compléter cet ensemble. Ces constructions de papier eurent un très grand succès, à la fois didactiques et ludiques. Le succès se prolongea avec les planches de la « collection du petit architecte » : le pont du Rhin, un moulin à vent, la foire, le château, l'église (une série également éditée par l'imagerie d'Epinal). A l'étranger, Pollock un grand éditeur de planches lithographiées créera avec autant de succès auprès des enfants des petits « Théâtres de papier avec décors amovibles ».

Trois thèmes de collection sont proposés aux enfants : les « petits soldats de papier », les jeux d'architectes (constructions), et les jeux d'ombres chinoises.

Les petites filles découpent et habillent des poupées de papier avec un choix important de toilettes, ce qui est moins coûteux que les poupées de mode en porcelaine.

Le théâtre des marionnettes.

Crèche en carton - planche de papier découpé de l'imagerie Wentzel.

Le catalogue de l'imagerie de Wissembourg s'étoffera considérablement au fil des années : les pantins articulés, les petit théâtres, les scènes de contes de fées, le Strupelweter, Saint Nicolas, Hans Trapp, les images de Noël...

Les thèmes de guerre

Après 1870, sous la tutelle allemande, les sujets diffusés par l'imagerie se rapprochèrent de la production germanique. C'est ainsi qu'apparurent des feuillets de décorations et d'insignes pour sociétés patriotiques et aussi des personnages de papier « grandeur nature » (*Uberlebengross*) et des décorations de cibles (par exemple des cibles pour chasseurs). On est bien loIn de l'univers de l'enfant.

Les images « grandeur nature » se composaient de trois planches imprimées et assemblées. Ce modèle exclusif de Wentzel fut l'objet d'un dépôt de brevet. Il permit de reproduire les portraits « en pied » des Empereurs, Reines et Rois, Ducs et Princes de l'Empire allemand de 1870 à 1918.

Il y eut aussi selon le même principe d'images juxtaposées des sujets moins solennels, comme des Arlequins, Clowns et autres personnages grotesques.

L'enfant, bien que négligé pendant cette période de conflits faisant place à l'imagerie de guerre, eut sa revanche en jouant aux petits soldats...

Au travers des planches qui suivent, qui sont extraites de l'imagerie que les colporteurs présentaient de village en village, nous passons en revue les jeux de société des petits garçons et petites files d'Alsace : les marionnettes, le saute-mouton, la balançoire, le jeu de billes. Bien souvent ces jeux étaient accompagnés de comptines.

Jeux de gobilles. C'est le jeu préféré des petits garçons d'Alsace et posseder de belles billes (*Gstunze*) est un motif de fierté. En Alsace, la fabrique de billes de Wasselonne en produisit d'importantes quantités au début du second Empire.

Le calcaire caractéristique de cette région par son aspect bleuté, était débité en barre, puis en en dés, à leur tour arrondis dans le moulin à billes (*Schnellemûhle*).

Les moulins de Saverne et de Mutzig en produisirent également. Après la première guerre ondiale, la production fut supplantée par celle des billes en terre des potiers.

La balançoire.

Les généraux en herbe, jeux de soldats.

La récréation des enfants.

«L'accueil des poilus par les Alsaciens». Personnages et cavaliers de la guerre de 1914-1918 en bois, découpés et peints par M. Boch.

3

les petits Soldats d' Alsace

« C'est peut-être l'enfance qui approche le plus de la "vraie vie". »

André Breton

Moule en ardoise en deux parties réunies par des picots pour couler les soldats d'étain (*Zinnfigurinen*).

Les petits soldats d'Alsace

Dans le merveilleux dessin qui figure en page de garde de ce livre, Hansi illustre avec brio la Bataille de la Marne et représente au premier plan un enfant qui a construit sa mitrailleuse à partir d'un moulin à café. De tout temps, le petit garçon a marqué sa préférence pour le jouet militaire, mais celui de l'oncle Hansi a une naïveté qui lui ôte son aspect belliqueux. A la fin du douzième siècle, le manuscrit du *Hortus delicarum* (Jardin des Délices) composé par une abbesse du Mont Sainte-Odile nous montre deux chevaliers miniatures que l'enfant manipule avec des cordelettes pour simuler un combat. Au Moyen Age, les enfants d'Alsace jouent avec des guerriers en argile ou en bois coloré tels que les décrit Geiler de Kaysersberg. Il faut noter qu'à cette époque le statut d'adulte s'obtenait pour les garçons à quatorze ans, et de ce fait, il est difficile malgré les témoignages écrits, de différencier les jouets des objets destinés à l'apprentissage de la guerre. A Strasbourg, des fouilles ont mis à jour des jouets datant du douzième jusqu'au quinzième siècle. Ils sont au Musée de l'Œuvre Notre-Dame et montrent des cavaliers et figurines assez grossièrement façonnées en terre, d'autres qui ont dû être produits en grande série à l'aide de moules dans lesquels l'argile était pressée.

Le jouet militaire réalisé en grande quantité n'apparut que très tardivement en France. Au dix-huitième siècle, Nuremberg et sa région commercialisent avec grand succès des soldats plats coulés en étain (*Zinnfigurinen*). Ces adorables sujets que l'on pouvait acheter décorés ou sans peinture se vendaient en vrac dans de petites boîtes rondes de peuplier. On réalise ensuite des soldats en volume coulés en plomb (soldats en ronde-bosse). Là aussi, il y a possibilité de les peindre soi-même. Le soldat en tôle lithographiée, composé de deux plaques de fer-blanc assemblées par des agrafes, permettra de proposer des figurines de plus grandes dimensions. Enfin le soldat de carton bouilli, pressé dans des moules et peint de façon naïve, accessoire apprécié des châteaux forts de carton peints, que l'on vendait à la douzaine, connut la plus large diffusion.

Ceux qui ont retenu notre attention pour cet ouvrage sont en papier et appelés couramment les « petits soldats d'Alsace ». Avec l'invention et le perfectionnement de l'imprimerie, l'imagerie populaire des petits soldats de papier se développera fortement. Les dessins de soldats gravés dans des planches de bois fruitiers permirent la multiplication des troupes à des prix modiques.

La naissance du petit soldat d'Alsace

On attribue la paternité des petits soldats de papier au chevalier Pierre François Isnard (1727-1807). Ancien officier de cavalerie, il eut l'idée de graver les sujets militaires qu'il pouvait observer à Strasbourg. Au Musée de Pfaffenhoffen, on peut admirer des bois gravés avec des

POMPIERS DE STRASBOURG.
N°1.

rangées de militaires alignés comme pour la revue. Les enfants achetaient ces troupes en feuilles imprimées en noir pour les colorier, puis les coller sur des socles en bois après les avoir découpées. Après 1845, les feuilles étaient imprimées en couleurs, certaines rehaussées d'or.

Parfois, seuls les soldats de la première rangée étaient en couleurs afin de servir de modèles aux petits garçons graines d'artistes.

Ces bataillons entiers de papier devinrent une véritable tradition attachée à l'Alsace comme il n'en exista dans aucune autre région en France. C'était le jouet bon marché favori du dix-neuvième siècle. A l'imagerie de Wissembourg, les petits soldats de papier furent diffusés en un nombre important de feuilles et dans toutes les tailles possibles, jusqu'au format « grandeur réelle » imprimé avec trois bois différents. Ces grands soldats virent leur vocation de jouets détournée pendant la première guerre mondiale pour servir de cibles d'entraînement au tir. En 1910, on recense dans le catalogue Wentzel près de trois cents sujets différents.

Après la première guerre mondiale la clientèle se détourna des petits soldats d'Alsace, lassée des conflits armés, et trouva d'autres centres d'intérêt.

Les peintres de petits soldats et les grandes collections

Parallèlement à l'activité ludique des enfants, les petits soldats firent des émules parmi les adultes. Charles Kratz, qui fut maire de Strasbourg de 1845 à 1851 s'y consacra avec ferveur pendant ses loisirs puisqu'il peignit avec minutie près de quatre mille soldats de papier. Les peintres collectionneurs se réunissaient dans les Winstub pour comparer les détails des uniformes peints à la main ou pour acquérir les figurines absentes de leurs collections.

Planche 2
PETITS SOLDATS DE STRASBOURG
5e Spahis en 1945
Imprimé sur les presses de l'Imprimerie Müh-Le Roux, Strasbourg, par Monsieur Marcel Wieber, meilleur ouvrier de France
Clichés : La Photogravure Mulhouse
Dessin : Georges A. Klaenschi

Dessin original de Klaenschi.

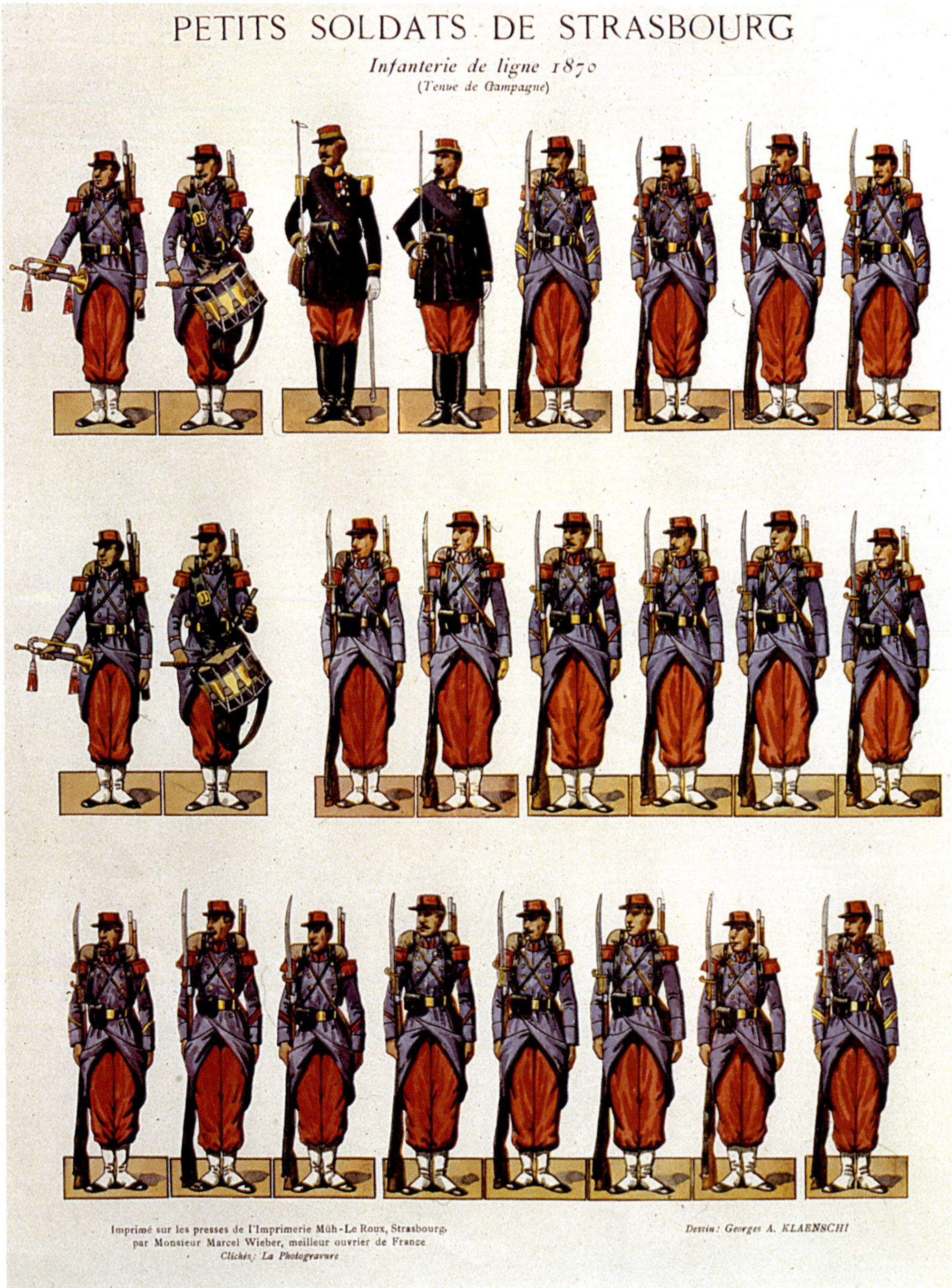
PETITS SOLDATS DE STRASBOURG
Infanterie de ligne 1870
(Tenue de Campagne)
Imprimé sur les presses de l'Imprimerie Müh-Le Roux, Strasbourg,
par Monsieur Marcel Wieber, meilleur ouvrier de France
Clichés: La Photogravure
Dessin: Georges A. KLAENSCHI

Preußische Armee. (Artillerie) ARMEE PRUSSIENNE (Artillerie) N° 259.
Bilderfabrik von F.C. Wentzel in Weissenburg (Elsass)

Armée française
Infanterie
Französische Armee.
Infanterie.
French army
Infantry
Arma francés
Infantería
No 134
Clairon. Trompeter.
Trumpeter. Trompeta.
Capitaine. Hauptmann.
Capitan. Captain
Porte-Drapeau. Fähnrich.
Cornet. Porte-Estandarte.
Deponirt
Soldat.
Trooper. Soldado.
Druck u. Verlag v. C. Burckardt s Nachf. Weissenburg (Els.)
Cantinière. Marketenderin.
Cantiniera. Canteen-woman

Armée française. Garde-mobile. Artillerie.
Französische Armee. Mobil-Garde. Artillerie.
N.°103.

№ 226.
Deponirt
Druck u. Verlag v. C. Burckardt's Nachf Weissenburg (Elsass)
Französischer Regiments-Tambur.
Tambour-Major français.

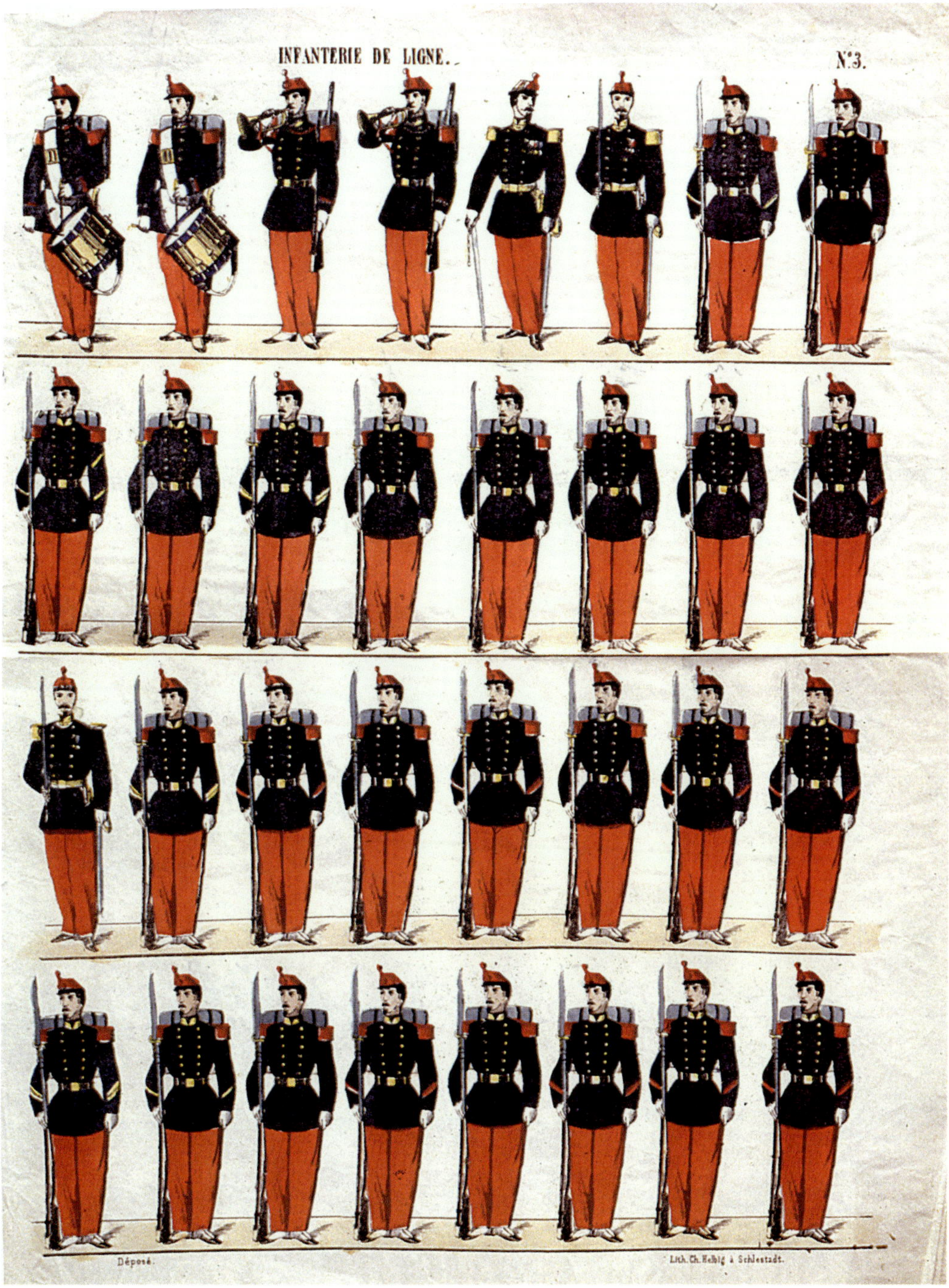
INFANTERIE DE LIGNE.
N°3.
Déposé.
Lith. Ch. Helbig à Schlestadt.

Armée française. Infanterie. Musique.
Französische Armee. Infanterie. Musik.
Arma francés. Infanteria. Musica.
N° 127.
French army Infantry Music
Deponirt.
Druck u. Verlag v. C. Burckardt's Nachf. Weissenburg (Elsass.)

N° 5.
ARMÉE FRANÇAISE. — HUSSARDS.
Französische Armee. — Husaren.

N° 8. ARMÉE FRANÇAISE. — CUIRASSIERS.
Französische Armee. — Kürassiere.

N° 15.
ARM
IMPRESSION EN COULEURS A L'HUILE.
MUSIQUE D

ANÇAISE.
RIE DE LIGNE.
STRASBOURG, IMPRIMERIE DE G. SILBERMANN.

Armée française.
Turcos.
Französische Armee.
Türcos.
French army.
Turcos.
Arma frances.
Turcos
N°138.

N° 2.
ARMÉE FRANÇAISE. — ZOUAVES.
Französische Armee. — Zuaven.

IMAGERIE D'ÉPINAL
PELLERIN & Cie, Imp.-édit.

LE 152e POILUS 1914-1915

par HANSI

GENRE SUPÉRIEUR
HORS GROUPES

EXPLICATION
(pour les petits garçons de France)

Tout devant, c'est le colonel. Comme le 152e se bat surtout dans la montagne, le colonel porte une canne de montagne. (On porte beaucoup de cannes au 152e; on les a achetées au bazar boche du col de la Schlucht, le lendemain de la déclaration de guerre; vous pensez qu'on ne les a pas payées bien cher, d'autant plus que le Boche était absent.) A côté du colonel, c'est le tambour-major. Le tambour-major est de Clamecy et il n'y en a pas deux comme lui pour apprendre aux clairons de la clique à tourner avec ensemble trois fois le clairon en l'air, avant de l'emboucher pour jouer : « *Vous n'aurez pas l'Alsace ni la Lorraine* ». Après, c'est les poilus de la clique. Il n'y a plus de cantinière au 152e; un monsieur très bien qui a ses deux fils au régiment venait très souvent nous apporter du chocolat et des cigarettes; mais comme c'est un civil, il n'aurait pas fait bon effet sur ma page. J'ai préféré dessiner une des nombreuses cantinières volontaires que le 152e a trouvées et trouvera encore en Alsace.

En dessous, vous voyez le glorieux drapeau du régiment entouré de poilus en tenue d'été. Au bout de la ligne, c'est l'interprète. (Attention en découpant de ne pas lui enlever sa cigarette, cela me mettrait en mauvaise humeur!) En troisième ligne, ce sont des poilus grenadiers en tenue d'hiver tels qu'on les voyait au Hartmannswillerkopf.

La dernière ligne représente les poilus de la 8e revenant d'une petite reconnaissance faite en Alsace. Ils sont précédés du sergent-porte-poteau-frontière boche et ils ont ramené quelques « Kamerads ». Il n'est pas toujours facile d'en ramener, car, quand les Boches savent que le 152e entre en ligne, il faut rudement courir pour rattraper les Kamerads.

Je vous ai dessiné le 152e; mais j'aurais aussi bien pu représenter le 149e, ou le 158e, ou le 26e ou n'importe lequel de ces beaux régiments de l'Est qui sont entrés en Alsace les premiers. Quand on les a vus à l'œuvre, on est sûr que bientôt la France jusqu'au Rhin sera nettoyée de cette sale engeance de barbares. « *On les aura!* » comme on dit au 152e.

Les Grandes Collections de Petits Soldats d'Alsace

Il est difficile de remonter jusqu'à l'origine du petit soldat de papier et de localiser géographiquement sa naissance, car des centres de productions importants en ont également diffusé à l'étranger comme ceux de Helsinki ou de Moscou. Mais c'est sans conteste à Strasbourg qu'il s'est épanoui avec la constitution de collections entièrement peintes à la main. Ce sont le plus souvent des troupes de « parade » qui sont reconstituées à petite échelle de préférence à des unités de combat. Les défilés de parade aux uniformes chatoyants permettent aux peintres de soldats d'exercer au mieux leur talent. Les documents illustrés par François Isnard (né à Strasbourg) ont été un point de départ précieux pour la reproduction fidèle des bataillons. Les graveurs alsaciens s'en inspirèrent pour graver les matrices de bois nécessaires à leur impression en feuilles. Parmi ces éditeurs prolifiques, il faut citer Silbermann à Strasbourg, Eckardt à Mulhouse, Helbig à Sélestat, Wentzel à Wissembourg.

Le petit soldat de papier est passé à la postérité grâce à de remarquable peintres.

Il y eut dans l'ordre chronologique : T. Boersch qui leva une armée de papier de 45 000 soldats de la Révolution et du premier Empire, Eugène Nicollet (né en 1802) qui se consacra au premier Empire, Frédéric Schmidt (célèbre restaurateur de la « Tête Noire »), Georges Klaenschi (né en 1882) dont la méticulosité est restée légendaire. Une grande partie de la collection de Klaenschi est visible au Musée de Pfaffenhoffen. Parmi les thèmes abordés : les pompiers et l'artillerie de la garde nationale de Strasbourg. Il faut aussi mentionner la participation à titre unique de Hansi, qui se représente dans une planche imprimée par Pellerin à Epinal figurant dans ce livre, souvenir de son engagement à quarante et un ans au 1/52 d'Epinal (voir page 52). La seconde guerre mondiale marqua un terme à l'activité prolifique des peintres de soldats (*Soldatenmahler*) car l'Alsace annexée par l'Allemagne eut bien du mal à conserver ses troupes de papier. Par bonheur, beaucoup de petits soldats ont pu être rassemblés et présentés dans les musées d'Alsace.

La bataille de Troie, scène de bataille avec personnages et décors en étain peints à la main.

Deux grands soldats Steiff en feutrine et chaussures de cuir.

Historique du Petit Soldat

Le petit soldat n'obtient son caractère ludique qu'au début du dix-huitième siècle. A ses débuts, sa représentation sert à l'apprentissage guerrier des futurs adultes. Avant 1700, son existence en tant que jouet n'est qu'anecdotique et associée à l'histoire de personnages célèbres. On sait que le futur Roi Louis XIV s'amusait avec des parades militaires et des décors de carton. Pour le Dauphin de France, le Roi fit réaliser une bataille de cavaliers miniatures d'une centaine d'hommes à cheval qui s'animaient grâce à d'ingénieux mécanismes. Ces chefs d'œuvre de miniaturisation ont été créés par Gottfried Hautsch de Nuremberg que l'on paya trente mille livres. Les premières figurines militaires produites en quantité et vendues à faible prix sont postérieures à 1850. Elles viennent de Nuremberg et de la ville voisine de Furth en Allemagne. A Strasbourg aussi on coule de l'étain dans des moules en ardoise sculptés en creux et l'on obtient des sujets ne présentant un relief que d'un côté que l'on émaille ensuite. Les fonderies de Bergmann et Woehrlin de Strasbourg sont les plus productives.

En Allemagne, les productions les plus réussies sortent des ateliers Heirichsen et Allgeyer. Leurs catalogues sont largement diffusés en Alsace par colportage et offrent une grande variété de thèmes. Cela va de la Grèce antique (la Bataille de Troie), jusqu'aux scènes militaires avec décors de guerre de 1870.

Les grandes armées napoléoniennes furent parmi les plus prisées par les petits alsaciens, qu'elles soient en étain, en plomb moulé, en ronde-bosse, en carton bouilli ou en planches lithographiées. L'uniformisation de l'échelle de ces soldats n'intervint qu'après 1840. En règle générale, les fantassins mesurent trente millimètres de haut et les cavaliers quarante. Les modèles de plomb en ronde-bosse sont entièrement en relief donc plus proches de la réalité. C'est au parisien Lucotte qu'en revient la paternité. Les plus beaux spécimens sont ceux de Mignot et Quiralu dans l'est de la France.

Pompiers de Mulhouse.

Desiné & Gravé par J. Gotfroid Gerhardt.

JEAN FREDERIC OBERLIN,
Ministre de Valdersbach
au Ban de la Roche

4

les Jeux et Jouets du Pasteur Oberlin

« Dans les années de la petite enfance,
Le cœur est plus malléable et le plus ouvert,
Ce que nous y avons semé ne peut plus être arraché. »

J. F. Oberlin

Lanterne en bois peint fonctionnant à la bougie.

Images gravées provenant d'Augsburg : Elise et le manteau d'Elie, l'huile de la veuve, le bon Samaritain.

Page 58 : portrait de Jean Frédéric Oberlin. Dessin et gravure de J. Gottfroid Gehrardt

Toutes les photos de ce chapitre sont de A. Huber. Collection du Musée Oberlin.

Les Jeux et jouets du Pasteur Oberlin

Apprendre en s'amusant

C'est bien là un précepte appliqué par le Pasteur Oberlin durant la charge de sa paroisse de Waldersbach. Celle-ci lui fut confiée en 1767. Le Ban-de-la-Roche où vécut le Pasteur est délimité à l'ouest par le cours d'eau de la Bruche et à l'est et au sud par les Vosges du Nord. L'inactivité des enfants du village en bas âge (la scolarité commençait à six ans) fit prendre conscience au Pasteur de l'urgence d'une action pédagogique à entreprendre. Son prédécesseur à la paroisse, Stuber, avait déjà établi les fondements d'une scolarisation pour les enfants désœuvrés, les parents occupés à d'autres tâches n'ayant pas de temps à y consacrer. Il créa la première bibliothèque de prêt d'Alsace et forma les premiers instituteurs appelés « régents ». Sur ces bases, J. F. Oberlin sut captiver l'attention des enfants en alliant pédagogie et amusement. Cette action d'éducation à la vie qu'il entreprit dans la vallée de la Bruche fut une telle réussite qu'elle se propagea bien au-delà de l'Alsace et de nos jours le souvenir du Pasteur est encore bien vivace. Toute sa vie il élabora avec ferveur des jouets et du matériel pédagogique pour des générations d'enfants et aussi pour des maîtres d'écoles. Il n'est pas un visiteur du presbytère qui ne s'en retourna sans une création du Pasteur Oberlin.

C'est pourquoi il est difficile aujourd'hui de recenser avec précision les jouets de la collection. A la veille de la Révolution, l'action conjuguée de Stuber et d'Oberlin au Ban-de-la-Roche permit un épanouissement de la personne et ce dans tous les domaines : manuels, artistiques, intellectuels et spirituels. Les écoles que J. F. Oberlin crée en accord avec les précepteurs en place sont des modèles suivis et imités de réussite pédagogique. La fréquentation des élèves est assidue, les classes sont mixtes et les effectifs autour d'une vingtaine d'élèves.

La scolarité débute à six ans. L'éclectisme des matières enseignées est aussi un gage d'épanouissement. En dehors des sujets usuels tels que le français (les enfants de la vallée parlaient un patois des Vosges) et le calcul, le pasteur introduisit des activités très peu enseignées à l'époque comme la géographie, la botanique ou l'étude du système solaire.

Dînette miniature en bois tourné dans une boîte en copeau.

« Les poêles à tricoter »

Pour mener à bien l'éducation des petits de trois à six ans, Oberlin eut l'idée d'installer en titres des « conductrices de la tendre enfance ».

Il mit à leur disposition un matériel didactique pour les assister dans leur tâche : des moules de plâtre représentant les personnages célèbres de l'histoire, que les enfants coloriaient eux-mêmes, des cartes géographiques gravées dans le bois et imprimées par le Pasteur, une représentation du système solaire, une imprimerie miniature qui reproduisait des fiches élaborées par Oberlin. On notera que certains de ces jouets ont toujours cours actuellement. Les « poêles à tricoter » par leur activité d'éveil auprès des enfants ont constitué l'ébauche de nos écoles maternelles d'aujourd'hui.

Les jouets du Pasteur Oberlin

Bien qu'il soit difficile de distinguer le matériel pédagogique élaboré par Oberlin des objets ludiques, on considère que la collection qu'il a constituée comporte une quarantaine de pièces. Il se procura auprès des fabricants allemands des jouets qui étaient la miniaturisation de ceux utilisés dans les familles. Ce monde en réduction, Oberlin y attachait une grande importance car il était un support didactique privilégié pour l'insertion sociale réussie des futurs adultes. Pour les filles : des dînettes en bois tourné, des meubles de poupées, du mobilier et des ustensiles de cuisine en étain. Pour les garçons : des soldats de plomb façonnés dans des moules en ardoise, des animaux en bois peint. Il y eut également des jouets animés comme la poule articulée avec contrepoids et plus sophistiqué ; le « tourneur de poupées » avec mécanisme à pédales pouvant actionner le tour à bois. Il faut aussi mentionner des jeux de prestidigitation comme l'œuf magique ou le violoniste sortant de sa boîte. Les tours de magies que le Pasteur effectuait devant les enfants avaient pour but de prouver que ce qui pouvait apparaître de prime abord comme irrationnel avait une explication logique. L'émerveillement de l'enfant ne devait pas s'appuyer sur des chimères.

Les jeux optiques

Oberlin avait installé au presbytère un appareillage permettant de dessiner la silhouette des visiteurs et des pensionnaires. Cet appareil est encore visible au Musée de Waldersbach. A la lumière d'une chandelle, le profil des modèles était reporté sur une feuille de papier huilé, puis réduit à la taille souhaitée à l'aide d'un pantographe. Il y eut dans la deuxième moitié du dix-huitième siècle une grande vogue des portraits en silhouette, précédant l'invention de la photographie, et le Pasteur n'y dérogea pas. Les illusions d'optique donnèrent nais-

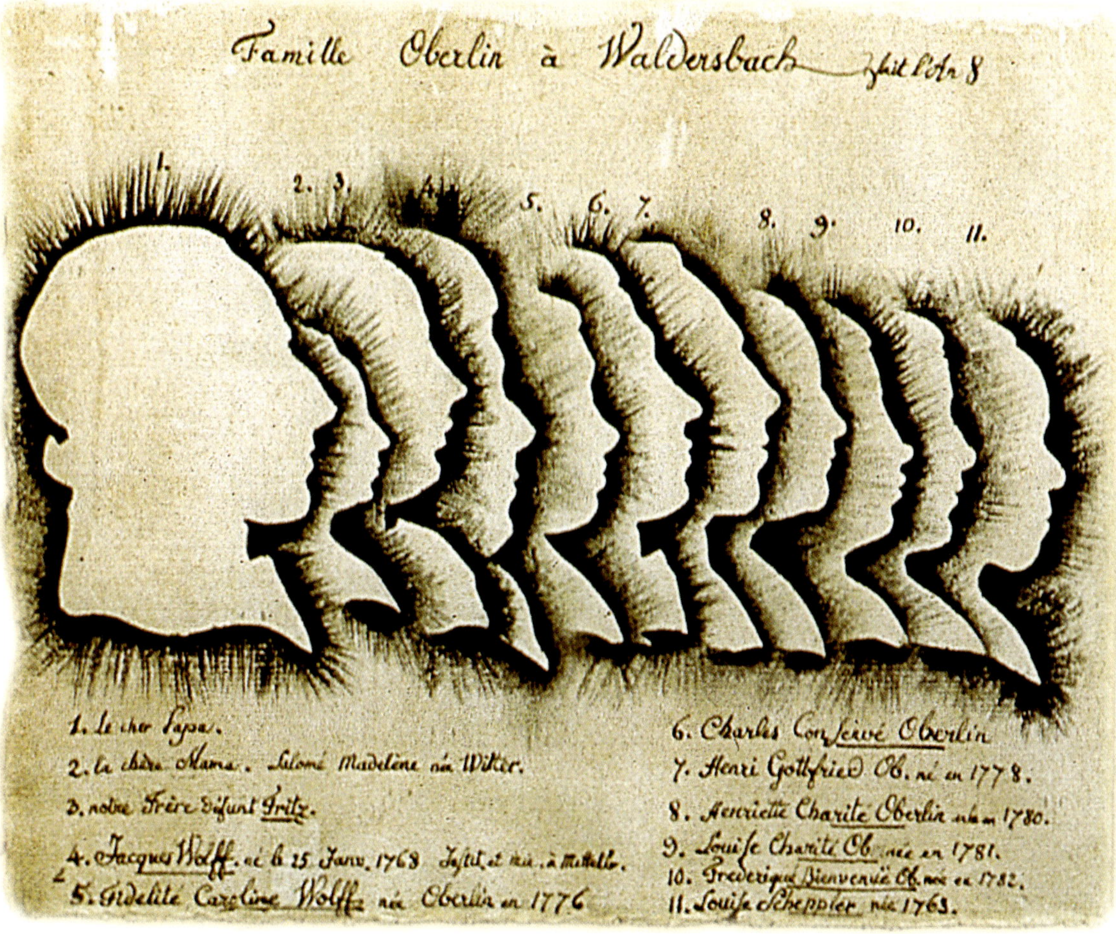

Famille Oberlin à Waldersbach. Onze silhouettes au pochoir juxtaposées réalisées en 1800.

sance à de nombreux jouets. Les lanternes magique tout d'abord destinées aux adultes fascinèrent à leur tour les enfants. C'est Auguste Lapierre qui fut l'initiateur de cet engouement pour la lanterne magique, les jeux et autres illusions d'optique.

Les scènes reproduites sur des plaques amovibles par chromophotographie ou décalcomanie rendirent ces jouets accessibles aux enfants. La famille Oberlin possédait aussi une lanterne magique avec des plaques aux thèmes variés.

La pérennité de l'action d'Oberlin

Bien que nous l'ayons évoquée sous l'angle réducteur du jouet, la personnalité du Pasteur et son action d'éveil des enfants, sans équivalent à l'époque, ont rayonné dans le monde entier et bien que le Pasteur soit une figure appréciée et reconnue en Alsace, il est de nos jours plus connu à l'étranger. La réhabilitation ambitieuse et réussie du Musée de Waldersbach contibuera certainement à renverser ce paradoxe.

De gauche à droite : **1/** Boîte optique en bois avec personnages en étain peints. En plaçant son œil devant la lentille, on aperçoit grandeur nature des personnages portant les fruits de la terre. **2/** Barque miniature avec personnage en bois. Longueur 4 cm. **3/** Machine à concasser le minerai miniature (bocard) avec pilons et martinets. Le personnage tourne une manivelle qui actionne l'arbre à cames. C'est l'adaptation pour les enfants de la machine à concasser telle qu'on pouvait la voir fonctionner aux forges de Rothau.

De gauche à droite : **1/** Serpent magique en bois articulé (*Nurnberger Schlange*) composé d'éléments mobiles reliés par des fils (1804). **2/** Œuf magique à double fond pour tour de prestidigitation. **3/** Poule articulée en bois peint. La tête et la queue bougent suivant les mouvements du contrepoids. **4/** Antilope en étain peint (fabrication de J. E. Fischer à Halle, circa 1800).

De gauche à droite : **1/** Poupée en bois tourné avec nécessaire de couture. **2/** Le petit violoniste jaillit de sa boîte quand on retire le couvercle. **3/** Accessoires de cuisine en bois tourné fixés sur un ruban de tissu.

Poupée tête et bras en porcelaine avec habit d'époque du Ban-de-la-Roche.

Tourneur de poupées sur bois miniature avec mécanisme à pédale.

Petit manège jaune et rouge, mécanisme à clef.

5

Joustra jouets de Strasbourg

« Je ne retomberai jamais en enfance,
j'y suis toujours resté. »

Tristan Bernard

Voiture de course à friction grise et rouge métallisée avec pilote.

La fabrique de Jouets Joustra
Naissance d'une marque

Joustra est née en 1934 de l'association de deux frères ; Paul et André Kosman tenant boutique à Strasbourg, au 4 de la rue Gustave Doré. Ils s'approvisionnent à cette époque en priorité auprès des fabricants allemands qui possèdent un indéniable savoir-faire dans le domaine du jouet en fer-blanc. Ayant pris contact avec Guillaume Marx, un ingénieur de la maison Bing établie à Nuremberg, ils décident de lancer leur propre fabrication. La société Callier installée en Haute Savoie leur fournira les premiers mécanismes. La production comprend alors un dizaine de modèles de jouets en tôle jusqu'en 1940. Joustra ira jusqu'à employer plusieurs centaines d'ouvriers en 1955 et produira à son apogée près de deux cents jouets différents. Les « jouets de Strasbourg » deviendront alors le premier constructeur de jouets mécaniques en Europe.

Les modèles automobiles

Au départ de la production, la fidélité de reproduction n'est pas le souci principal de la firme. Il s'agit avant tout de coller au style en vogue avant guerre et de produire des modèles qui font la synthèse des automobiles existantes, cela leur confère un aspect naïf qui fait tout leur charme. Après, les voitures et camions jouets seront plus proches de ceux que l'enfant pouvait voir circuler dans la rue. C'est après la deuxième guerre mondiale et jusque vers 1970 que Joustra a bâti sa réputation, en fabriquant de très nombreux modèles automobiles dotés de mécanismes à friction. C'est André Citroën qui eut le premier l'idée de commercialiser en réduction les modèles de sa production automobile. Conçus à l'origine comme des supports publicitaires, ces petites automobiles remportèrent un vif succès. Joustra a mis dans son catalogue la plupart des véhicules vendus par les constructeurs français et américains. Il a été le premier à commercialiser des grues, jouets très réalistes, ainsi que des engins agricoles.

Les procédés de fabrication

La première ébauche d'un jouet est conçue en bois, puis une empreinte est faite qui sert à réaliser l'outillage monté ensuite sur les presses à emboutir. Les décors des jouets sont lithographiés sur des plaques de tôle. Il faut imprimer un passage par couleur, ensuite les plaques décorées sont embouties sous presse et la déformation donne alors tout son volume à la voiture. Les tôles lithographiées et en volume sont réunies à laide d'agrafes. Ce procédé de fabrication, fiable et peu coûteux a été utilisé pour tous les modèles en métal des « Jouets de Strasbourg ».

Gare maritime de 1957. Longueur 36,5 cm, largeur 25 cm.
La grue est manœuvrée depuis un levier relié à un mécanisme à tirette disposé sous la plaque. Le phare électrique alimenté par une pile envoie des signaux lumineux.

Avion delta à friction rouge et gris.

Avion delta de 1955. Cet avion avec mécanisme roule et le pilote est éjecté en déployant son parachute quand la pointe à l'avant heurte un obstacle.

Aéroport. L'avion effectue des mouvements circulaires ascendants et descendants commandés par une petite manette.

Avion biréacteur tricolore.

Avion trimoteur gris et rouge.

Hélicoptère « Protection civile » de 1967. En 1950, le premier hélicoptère inspiré librement du célèbre « Sikorsky » s'appelle « Côte d'Azur ». Il remporte un tel succès qu'il sera au catalogue Joustra jusqu'en 1970.

Grue mécanique bleue avec support de charge de 1960. Mécanisme à clef avec levier de frein. Elle mesure 63 cm. Joustra a été le premier fabricant de grues jouets au monde avec une gamme importante de modèles en tôle, puis en plastique dans les années 1970.

Vue en gros plan du chauffeur et de son caniche. Pour l'anecdote, le conducteur avec son caniche est censé représenter Guillaume Marx, patron de Joustra et son fidèle Meki.

Grand cabriolet rouge et crème de 1957.Ce cabriolet de luxe est d'inspiration américaine. Il fait partie des « grandes tôles » de Joustra qui donneront naissance à de nombreux modèles de grandes dimensions et aux belles lithographies. La fabrication est dûe au fait que les années 1950 marquèrent la fin du rationnement des matières premières.

Trolleybus avec mécanisme à ressort et phares à piles de 1953. Il comporte six roues, deux portes latérales et une sonnerie annonçant le départ et l'arrêt. Ces deux jouets en tôle montrent les possibilités exploitées par Joustra de créer différents modèles à partir d'un même outillage

Camion transformable rouge et bleu. La partie supérieure s'enlève et se transforme en remorque que l'enfant peut accrocher derrière le camion.

Autocar « Ile de France » et autocar « Broadway ». Le « Broadway » prend modèle sur les fameux « Greyhounds » américains dessinés par Raymond Loewy. Joustra a imprimé le lévrier (greyhound) sur le côté du bus. Doté d'un mécanisme complexe proche de celui qui fit le succès de « l'auto-miracle », ce jouet est capable d'effectuer des cycles de douze mouvements différents.

Voiture « Floride » de Renault.

Peugeot 404 de luxe de 1963. Fabriquée avec l'autorisation de la marque, elle est très fidèle à l'originale. A l'intérieur figurent les pédales, le tableau de bord, le volant et même les garnitures de portières. Les premiers modèles commercialisés sont dotés de mécanismes à friction avant d'être « filoguidés ». Il y eut aussi une version « Break » et un cabriolet avec chauffeur et téléphone.

Voitures de pompiers. Au premier plan : auto de 1954. L'échelle pivote et se déploie. Le mécanisme est à ressort et se remonte à 'aide d'une clef. Au second plan, auto de 1963. Mécanisme avec frein et sonnerie d'alarme.

Voitures de pompiers. Au premier plan : auto de 1964 avec personnage et nacelle mobile, mécanisme à ressort. Au second plan : auto de 1966, échelle télescopique.

Auto « Miracle » rouge avec la fameuse clef.

Garage moderne en tôle, autos « va et vient » et autos « Miracles ».

La petite clef

Dans la période qui nous intéresse, de la création jusqu'aux années 1960, Joustra n'a commercialisé que des jouets en tôle. Les mécanismes étaient pour la plupart à ressorts, que l'on remontait à l'aide d'une clef. Ils permettaient aux jouets de grandes variétés de mouvement. L'auto « Miracle » qui fut le plus grand succès de vente de Joustra effectuera huit mouvements différents !

En ce qui concerne les sujets animaliers, toute la panoplie des possibilités offertes par les robustes mécanismes à ressort a été exploitée avec brio. Le « canard bavard » avance, s'arrête en battant des ailes, ouvre son bec en poussant un cri. Le « lapin sauteur » bondit à petits sauts et agite la tête de gauche à droite.

On imagine aisément la fascination que ces jouets ont exercé sur les enfants et le succès sans faille qu'ils rencontrèrent. Bien que sophistiqués dans leur conception, Joustra eut le souci constant de les commercialiser à des prix abordables et malgré qu'ils soient recherchés aujourd'hui par les collectionneurs de par le monde, ils avaient à l'époque de leur parution une image de jouets bon marché.

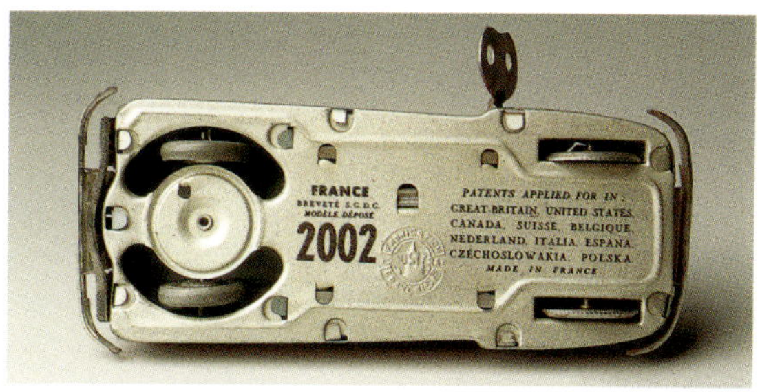

Vue du dessous de l'auto « Miracle » avec l'inscription des brevets internationaux déposés par Joustra.

Animaux et personnages.

De gauche à droite :

Bobby le danseur de 1957. Il bouge en tous sens, les mains dans les poches.

Petit ours au nœud papillon.

Oiseau de 1955. Le moineau qui piaille, garçon « Circus » avec sa cloche, deux singes sauteurs.

Animaux et personnages.

De gauche à droite :

Bimbo le clown chauffeur de 1953, il tourne et virevolte sur lui-même. Arthémise la grenouille, Boso le clown et son ombrelle. Petit chat au ballon. Le canard bavard.

Le manchot jaune et noir se dandinant. Gigi le pingouin qui tourne, s'arrête et bat des ailes.

Au premier plan : maman coccinelle et ses petits.

PÊCHE RÉSERVÉE
PÊCHE

Petits pêcheurs en salopette.

« Martin le pêcheur », 1955.

Le mécanisme à ressort fait dérouler et enrouler sa ligne autour de l'écriteau.

Autorails bleu, vert, rouge de 1954. Autorails « grand parcours », système à ressort très puissant, marche avant et arrière, bruit imitant le moteur diesel.

Les Autorails Joustra

La fabrication de trains jouets n'a pas été la spécialité de Joustra. C'est à partir de 1954 que les « jouets de Strasbourg » commercialisent des trains à mécanisme. L'écartement des rails choisi est le format « O » qui nécessite beaucoup de place pour constituer les parcours. Ceci explique en partie le succès relatif rencontré par les trains Joustra, comparativement à la marque Jouef qui avait opté pour l'écartement « HO » plus compatible avec l'espace réduit des chambres d'enfants.

La gamme d'autorails commercialisée par Joustra évolue à partir de trois modèles de base. Ces trois modèles sont créés avec le même outillage. Leur apparence, ayant peu de points communs avec les trains circulant dans la réalité, leur confère un côté naïf qui fait tout leur charme.

Les petits autorails de la gamme « Minia » ciblaient la clientèle des touts petits garçons. Les mécanismes montés à l'intérieur sont dotés de puissants ressorts que l'on remonte à l'aide d'une clef en acier.

Le « Cyclone à effets lumineux » est plus sophistiqué : le mouvement du moteur actionne un levier métallique qui frotte sur une pierre à briquet située à l'avant de la motrice. Les étincelles jaillissent sous l'autorail pendant la marche.

Le modèle « Tornado » est plus soigné ; comme les autres, il est en tôle pliée, agrafée et peinte. Mais des détails plus réalistes s'y ajoutent : phares avant et arrière, phare de toit, tampons heurtoirs et soufflets d'articulations. Un petit marteau heurtant une pièce métallique pendant la marche imite le bruit de la motrice diesel. Le modèle haut de gamme de cette série Joustra est l'autorail triple « Flèche d'argent » dont le coffret contient six rails courbes et six rails droits et il est très proche de «Grands parcours» reproduit ci-contre. Pour le fonctionnement Joustra innove en l'alimentant par une pile plate fixée verticalement dans le châssis de la motrice. Cette pile fournit l'énergie du moteur et l'éclairage de l'autorail.

Petite histoire du jouet en fer-blanc

Le jouet en métal, qu'il soit en fer, tôle ou zinc, est d'abord un jouet de luxe. En Alsace, au seizième siècle, leur fabrication est réservée par décret à la corporation des miroitiers-lunetiers. L'emploi de la tôle est le monopole de l'Allemagne jusque vers 1850. L'essor du jouet métallique en France n'intervient qu'après l'Exposition universelle de 1867 à Paris, avec le brevet de « double chromolithographie » des plaques métalliques déposé par Georges Potier. Charles Rossignol, un autre fabricant de jouets, perfectionna le travail de la tôle emboutie par l'invention de l'agrafage des plaques, ce qui permettait d'occulter les soudures. Ces deux inventions successives furent déterminantes dans l'industrie du jouet et toute la production de Joustra en témoigne.

Diligence « Texas post » de 1957.

Cette superbe réalisation mesure 32 cm de long pour 15 de hauteur. Les chevaux galopent, des étincelles simulent les coups de feu, grâce à une pierre à briquet.
La qualité de la lithographie est une grand réussite de Joustra. Il fallait sept passages de la couleur pour réaliser ce décor.

Encarts publicitaires.

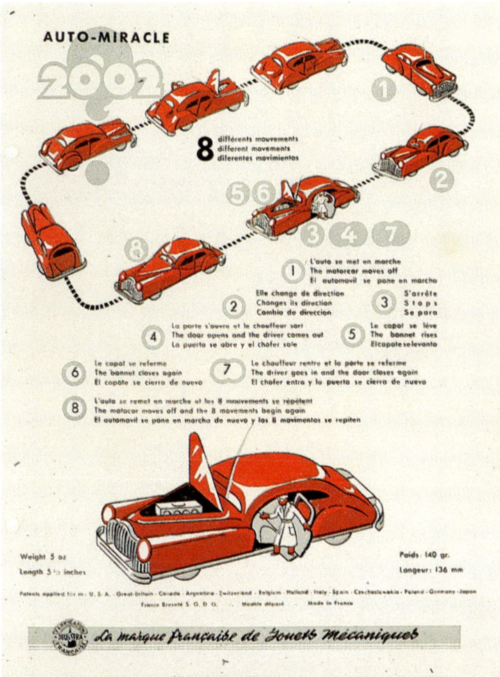

Encarts publicitaires.

Ensemble de Bugatti JEP à
quatre échelles différentes.

6

Les petites Automobiles Bugatti

*« L'enfance est une main perdue
dans les vieux coffres à jouets. »*

Jean Royer

Modèle Pinard. Eugène Pinard fabriqua dans ses atelier parisiens des jouets en tôle entre 1900 et 1920. La voiture présentée est longue de 30 cm. Bien qu'elle ait indéniablement l'allure d'une Bugatti, il est difficile d'identifier le modèle exact. Le plus approchant est le « type 13 Brescia de route ».

Bugatti jouet de marque espagnole Paya. Réplique éditée en 1986 à 5000 exemplaires du Modèle fabriqué par Paya entre 1930 et 1948. Longueur 47 cm, type 35 avec pilote et moteur.

Ettore Bugatti

Dans le domaine de l'automobile, il est un nom célèbre attaché à l'Alsace : Ettore Bugatti. Avant même que son compatriote Enzo Ferrari ne s'établisse une réputation comme constructeur de voitures de courses, Bugatti avait démarré sa propre production avec succès. C'est à dix-neuf ans, en 1900, qu'il construisit une première voiture quatre cylindres avec le soutien financier du comte Gulinelli. Ce modèle fut récompensé pour son ingéniosité par une médaille à l'exposition de 1901 à Milan. Le baron de Dietrich, à l'affût des nouvelles technologies qu'il souhaitait expérimenter dans ses ateliers de Niederbronn, s'associa avec Bugatti qui lui céda ses brevets. En 1902, leur fabrication commune débuta avec une quatre cylindres « Type 13 » de 1327 centimètres cubes à transmission par chaîne. Cette automobile évolua en plusieurs versions jusqu'en 1904.

En 1905, Ettore Bugatti s'établit à Strasbourg où il rejoint le constructeur automobile Mathis. Ils produisent ensemble le modèle « Hermès » pourvu d'une boîte à quatre vitesses et d'un moteur quatre cylindres. Ettore Bugatti, n'ayant fabriqué des voitures qu'avec un partenaire, décida en 1909 de lancer sa propre firme sous le nom de Bugatti.

Pour installer ses ateliers, il choisit alors de rester en Alsace et occupe les locaux désaffectés d'une ancienne teinturerie à Molsheim. En 1910, le nom de Bugatti est associé à l'histoire de la voiture de course avec la production en petite série d'une quatre cylindres. Le nouveau radiateur ovale fait son apparition pour prendre ensuite la forme d'un fer à cheval. Après s'être exilé à Paris pendant la première guerre mondiale, Bugatti rejoignit les ateliers de Molsheim et y produisit les châssis à huit, puis seize cylindres. Les automobiles Bugatti gagnent les premières courses importantes comme celle du Mans en 1920 et de Brescia en Italie. Cette dernière compétition fut le baptême de toute une génération de Bugatti de course « type Brescia ». La fameuse « type 30 » fit ses premiers tours de piste dans sa version course à trois soupapes au «Grand prix de Strasbourg » en 1922, pilotée par le mécanicien Friedrich qui se classa deuxième. La série des Bugatti se prolongea sans interruption jusqu'à 1945, avec entre autres la très belle carrosserie du « type 55 ». La deuxième guerre mondiale marqua la cessation d'activité de l'usine de Molsheim et Ettore Bugatti mourut en 1947.

Modèle JEP de 34 cm, type 35 de course produit entre
1928 et 1939, mécanisme à ressort avec clef.

Marque française de biscuit « Gondolo ». Adaptation en boîte de biscuits du « type 59 » fait en 1939, longue de 46 cm, soit échelle de 1/10. Les biscuits étaient rangés en dessous de la voiture.

Série « Plâtre et farine », échelle 1/43 de marque JRD représentant la Bugatti type 57 « Tank » qui gagna la course du Mans en 1937. A côté, cinq Bugatti jouets de la marque Inca « type 59 », vainqueur du grand prix du million en 1937.

Ensemble de JEP à trois échelles de 15,5 cm, 21cm et 32 cm. Production de 1934 à 1958.

Ensemble d'autos JEP à l'échelle 1/43 produites entre 1934 et 1941, type 59,
avec pneus et roues métal.

Quatre modèles SIF (société industrielle de ferblanterie). De gauche à droite : Bugatti rouge type 35 à l'échelle 1/21, type 55 grand sport au 1/26, type 55 « faux cabriolet », type 44 « Camionnette » de 1935. Ces autos ont été commercialisées entre 1930 et 1945. Le jouet de Paris (JEP) fut fondé en 1899 par six fabricants de jouets et bimbeloterie installés à Montreuil-sous-Bois. Parallèlement la Société industrielle de ferblanterie (SIF) créée aussi en 1899, fabrique des jouets automobiles sous le sigle SIF. En août 1909, la SIF, rachète le « Jouet de Paris ». La marque J. de P. est apposée sur les jouets. En 1930 J de P devient JEP et la qualité des jouets est égale à celle des meilleures productions mondiales.

TRANSPORTS
TRANSPORTS RAPIDES

Cette auto miniature est le premier modèle de jouet Bugatti réalisé à l'échelle du 1/43, échelle toujours utilisée de nos jours pour les miniatures automobiles. Modèle en plomb,marque CD sur laquelle nous avons très peu d'informations. Trois modèles connus actuellement.

Le futur roi Hassan II du Maroc au volant de la Bugatti « type 52 Baby ». Offerte par Ettore Bugatti à l'occasion de la visite du Sultan Mohamed V. Ce magnifique jouet est une réplique fidèle à l'échelle 1/2 du « TYPE 52 ». Elle est immortalisée par Hergé. Dans l'album de Tintin *L'or noir*, le jeune Abdallah la reçoit en cadeau de son père. Il s'agit de la seule Bugatti en réduction fabriquée par l'usine de Molsheim et incluse dans la catalogue de la marque alsacienne. En 1927, Ettore Bugatti construisit pour son fils Roland âgé de cinq ans cette voiture jouet entraînée par un moteur électrique. Il décida de lancer la fabrication d'une centaine d'exemplaires pour les enfants de ses clients fortunés. Des courses de petites Bugatti ont été organisées dans les années 1930 sur les plages de Deauville et Nice.

Grande poupée « Simon et Halbig », tête en biscuit de porcelaine avec bouche ouverte, yeux sulfure, corps en bois, mains en composition. Costume alsacien avec broderie et dentelle (fin XIXe siècle). Chaise Napoléon III.

7

L'univers des Poupées

« Il reste toujours quelque chose de l'enfance, toujours... »

Marguerite Duras

Maison de poupée alsacienne du musée de l'Œuvre Notre-Dame, 1860.

Les Maisons de Poupées

Les premières maisons de poupées apparaissent en Alsace à la fin du dix-septième siècle. Elles sont l'œuvre d'artisans qui s'associent afin de prouver leur savoir-faire à la clientèle. On crée la maison de poupée comme un projet en réduction de ce que l'on réalisera en vrai dans les intérieurs. C'est une habitude que l'on observe aussi pour les « poupées de mode » que les couturières habillent pour présenter à leurs clientes leur future garde-robe. Dans les maisons d'échelle réduite, les ébénistes créent tout le mobilier miniature, les brodeuses parent de dentelle ces maisons en réduction, dinandiers et artisans potiers donnent forme aux ustensiles de la cuisine. Le talent des peintres miniaturistes s'exerce sur les tableaux et émaux qui agrémentent ces intérieurs.

Bien que considérées de nos jours comme jouets, ces maisons de poupées n'étaient destinées qu'à des familles nobles ou de la haute bourgeoisie, tant leur réalisation était coûteuse. En 1830, le style Empire décore les maisons de poupées ; les meubles sont en acajou, rehaussés de dorures et de soie. Il y a surenchère dans le luxe mis en œuvre pour leur décoration. C'est l'époque où les maisons de poupées connaissent une grande vogue dans les milieux citadins d'Alsace. Les maisons de poupées du monde rural sont postérieures à ces créations et ont la faveur des alsaciennes au milieu du dix-neuvième siècle. La mode des intérieurs rustiques et autres *Puppenstube* prend le pas sur les décorations cossues, et l'on s'attache à reproduire fidèlement les mobiliers et accessoires typiques des régions d'Alsace.

On y trouve les cuisinières en fonte identiques à celles fabriquées dans les ateliers de Zinswiller. La vaisselle miniature est souvent façonnée en poterie vernissée, rehaussée des motifs alsatiques traditionnels.

Bébé trois têtes, tête, mains et pieds en porcelaine, corps en composition.

Trois expressions différentes du même Bébé.

Les faiseurs de poupées

Un précieux témoignage nous est offert par l'article de Werner paru en 1934 dans le Bulletin du Musée historique de Mulhouse : « A partir du seizième jusqu'à la fin du dix-huitième siècle, les fabricants de jouets forment en France la communauté des bimbelotiers. En Alsace, où le métier comme tel n'existait pas, ils étaient affiliés aux travailleurs du bois ou du métal. A Mulhouse, c'est le mercier qui vend des jouets et des poupées et encore dans la première moitié du dix-neuvième siècle certains merciers s'étaient spécialisés dans la vente de poupées habillées à la mode. On les appelait les faiseurs de poupées : *Puppelamacher*. Les petites filles emmenaient leurs précieuses poupées se faire perruquer chez le coiffeur. Au début du dix-neuvième siècle, les poupées achetées par les petites alsaciennes viennent essentiellement de Nuremberg et de la région de Thuringe en Allemagne. Les grands ateliers de poupées parisiens comme la maison Jumeau, Bru ou la société de fabrication de bébés jouets (S.F.B.J.) n'alimenteront le marché français que plus tard, à partir de la fin du dix-neuvième siècle.

C'est le 8 mai 1859 que Mademoiselle Rohmer, créatrice de poupées à Paris dépose un brevet pour des « têtes mouvantes applicables à toutes sortes de poupées ». La poupée a désormais la possibilité de montrer un visage souriant ou larmoyant, ce qui amusera beaucoup les petites filles.

Bébé Armand Marseille, 1910-1920, en biscuit de porcelaine avec poupée « lilliputienne » et hochet dans son lit alsacien en fer doré.

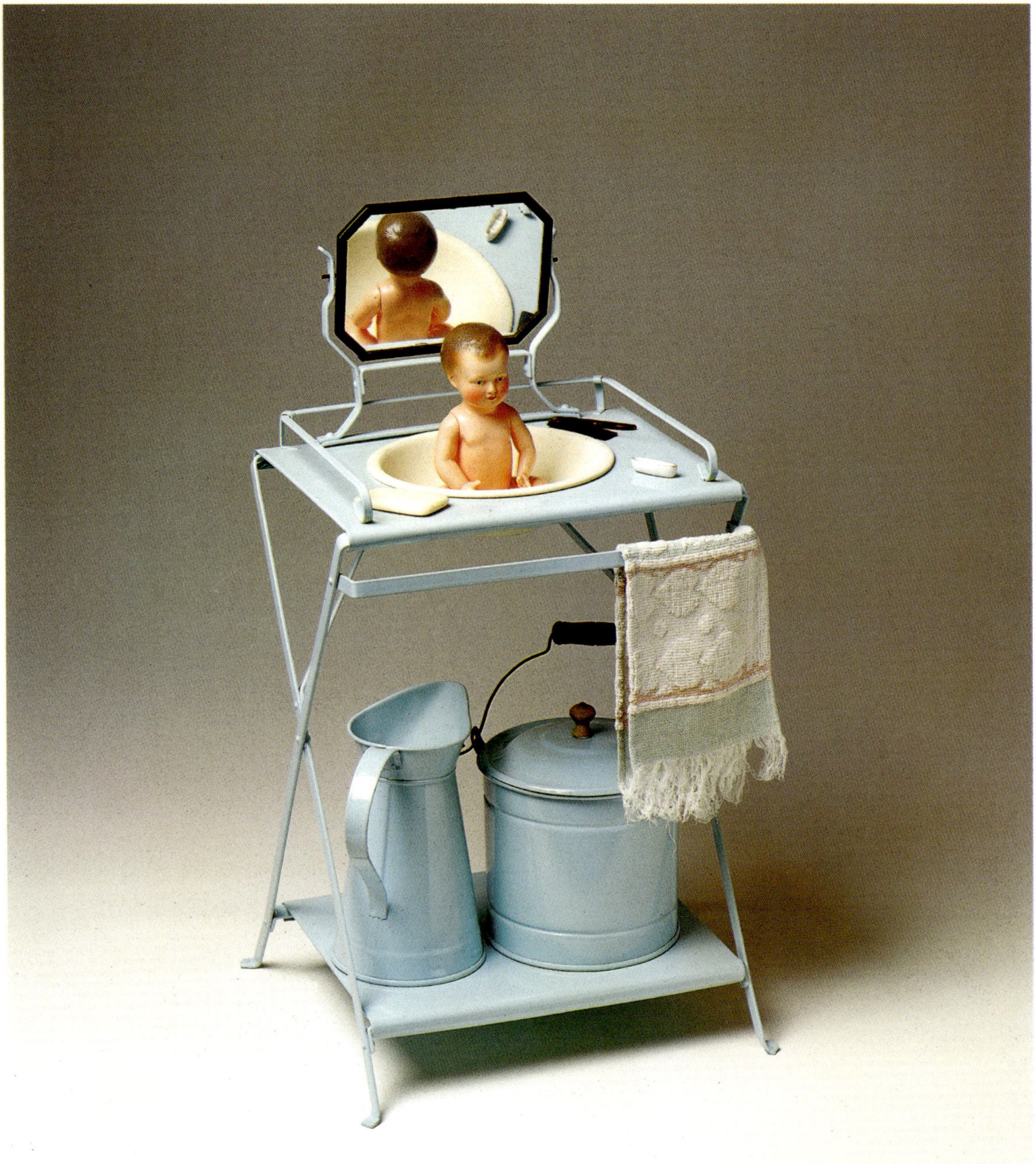

Petit baigneur en celluloïd de marque « Petitcollin » avec table de toilette et accessoires en tôle laquée.

Poupon celluloïd en costume alsacien.

Poupée S.F.B.J., tête porcelaine et corps en composition.

Poupée tête porcelaine et corps en composition.

La chambre d'accouchée, Strasbourg vers 1780. Ces boîtes en carton minutieusement meublées et décorées ont eu pour vocation première d'être offertes en cadeau lors du baptême d'un enfant. Il est probable qu'ensuite les petites filles les ont utilisées comme maisons de poupées. Ces créations étonnantes ne se trouvent qu'à Strasbourg où elles connurent une grande vogue dans les familles aisées à la fin du dix-huitième siècle. A notre connaissance, il n'y a pas de tradition équivalente dans d'autres régions françaises. La chambre présentée ici appartient au musée Westercamp de Wissembourg. Une autre est dans les collections du musée alsacien de Strasbourg. Dans les deux chambres, on observe la même mise en scène : la famille, le parrain et la marraine se partagent des gâteaux, la mère et l'enfant sont couchés, le berceau à proximité. Le décor est typique de l'Alsace avec le grand poêle de faïence que l'on aperçoit de profil à droite.

Mobilier de salon pour maison de poupée.

Mobilier de chambre à coucher pour maison de poupée.

Mobilier de salon pour maison de poupée.

Mercedes
Caffee.
Zimmet.
Mandeln.
Cacao.
Caffee.
Graupen.
Salz.
Bohnen.
Bonbons

Comptoir d'épicerie avec personnage et boîtes miniatures lithographiées en métal.

Maison de poupée, la cuisine avec son mobilier et ses ustensiles miniatures, XIXe siècle.

Cuisinière de poupée en métal argenté et martelé, pieds en fonte, avec batterie de cuisine en métal argenté.

Cuisinière de poupée en tôle, ustensiles en cuivre.

Salon pour maison de poupée.

Secrétaire miniature Bidermeier

Ustensiles de cuisine pour maison de poupée.

Les Grands ateliers de Poupées

La ville de Nuremberg a acquise une réputation internationale dans le domaine des jouets et en particulier dans celui des poupées et ce dès le Moyen Age. Les marchands installés dans cette ville allemande font fabriquer par les artisans de Sonnenberg ou de Thuringe des poupées faites au tour à bois dont la silhouette toute en rondeur s'apparente à celle des quilles. A Nuremberg et dans la ville voisine de Furth, on compte au début du dix-neuvième siècle, une quarantaine d'ateliers spécialisés dans la réalisation de poupées, maisons de poupées, cuisines de poupées et accessoires. Sonnenberg exporte en quantité des poupées en carton-pâte pratiquement incassables. La porcelaine qui sert au moulage des têtes et des mains provient de Saxe. Les faiseurs de poupées alsaciens qui assemblent et habillent les poupées s'approvisionnent en Allemagne jusque vers 1850. A la fin du dix-neuvième siècle, on assiste à l'industrialisation de la production et la France comble son retard. C'est principalement l'usine Jumeau en région parisienne qui produit en grande série à partir de 1873. Léo Clarétie, journaliste, nous en décrit l'activité : « Les torses des poupées sont moulés dans de lourdes matrices d'acier qui compressent un mélange de papier détrempé et de colle de pâte. A l'intérieur de ces corps un travers de bois reçoit les tendons de cuivre qui relient entre eux les membres de la poupée ». Mais ce sont les têtes des poupées qui requièrent le plus d'attention et qui en font la valeur, quand il s'agit de poupées de porcelaine. Elles sont coulées en pâte de kaolin, fine terre de Limoges, dans des moules, puis cuites en deux étapes dans des fours à bois. Pour qualifier cette double cuisson des têtes, on parle de biscuit (bis-cuit).

C'est ainsi que l'on obtient le délicat biscuit de porcelaine, qui donne au visage de la poupée toute sa finesse. La fabrication des yeux fait l'objet d'un soin particulier ; « On entre dans une chambre noire, comme celle des photographes. Ça et là, des flammes bleues brillent et sifflent avec force, ce sont les chalumeaux. Chacune des ouvrières a le sien en main. En voici une qui commence son œil de poupée : elle tient délicatement dans chaque main une frêle tige d'émail blanc dont elle plonge les deux bouts dans le feu de sa soufflerie. Le globe de l'œil s'arrondit, s'étire en amande. C'est alors qu'elle approche une autre tige d'émail coloré qui fond et se colle au centre de la pupille. Voilà l'œil terminé ».

Au cours de nos recherches, nous nous sommes aperçus qu'aucun atelier de poupées à tête de porcelaine ne s'est installé en Alsace. Parmi les plus belles poupées costumées en alsacienne, c'est la marque Simon et Halbig qui est la plus présente. Cette maison installée en Thuringe a commercialisé de superbes poupées de 1869 à 1930. Les têtes sont en biscuit de porcelaine, les corps et membres en carton-pâte et bois articulés par des élastiques solidaires de crochets métalliques. Quand aux yeux, c'est là qu'elles de distinguent des poupées françaises. L'œil des poupées est en sulfure de verre selon un secret de fabrication bien gardé. Cette prouesse technique redonna l'avantage aux poupées allemandes et des ateliers français comme par exemple la S.F.B.J. s'approvisionnèrent en priorité chez Simon et Halbig pour l'assemblage de leurs poupées.

Poupée réalisée sur le modèle des dessins de Hansi vers 1920. Elle est fabriquée en matériau appelé « prialytine », vêtements d'origine. Ateliers P.J. Gallais à Paris.

8

Les Poupées de Hansi

« Les choses de l'enfance ne meurent pas,
elles se répètent comme les saisons. »

Eleanor Farjeon

Petite maison et personnages crées par un admirateur de Hansi.
Boîte en carton peint avec personnages en bois peint. Envoi d'un particulier à Hansi en témoignage d'admiration.

Scène miniature d'un particulier dédiée à Hansi en témoignage d'admiration.

Poupée P.J. Gallais.

Poupées d'Artiste

Emile Jumeau est le premier à présenter à l'Exposition Universelle de 1900 des poupées avec des visages très expressifs. C'est la série des « Bébés caractères » qui eut un vif succès. Les artistes et illustrateurs ont été tentés à leur tour de voir leurs dessins et sculptures se transposer en jouets édités en série. Le préfet Lépine encouragea les ateliers à s'engager dans cette voie en attribuant à ces bébés caractères le premier prix de la section des jouets. Parmi ces créations d'artiste et illustrateurs, il y eut les poupées d'après les personnages de Francisque Poulbot vendus par la S.F.B.J., les « amoureux de Peynet », les animaux costumés de fables dus au crayon de Benjamin Rabier, également fabriqués par la S.F.B.J.

La maison P. J. Gallais, sise à Paris, sollicita Hansi pour adapter en jouets ses merveilleux dessins. Ainsi sont nés « Yerri et Gretel » en 1917, deux petites poupées à l'expression espiègle que l'on peut admirer au Musée Hansi de Riquewihr. Ils sont réalisés en prialytine. Les traits des visages et les yeux sont peints à la main. Les corps en composite sont articulés au cou et aux épaules. Leur hauteur est de vingt et un centimètres. Edités entre 1917 et 1920, Yerri et Gretel n'ont été diffusés qu'à peu d'exemplaires, destinés essentiellement à l'Alsace. De nos jours, il est très difficile d'en trouver en parfait état avec leurs habits d'origine, comme celle du Musée de Riquewhir.

Personnages de Hansi ;
le professeur Knatschké et sa famille.

Ensemble de poupées créées d'après
les dessins de Hansi, 1920.

9

L'Enfant et le Jouet en Alsace

« L'enfance c'est de croire qu'avec le sapin de Noël et trois flocons de neige toute la terre est changée. »

André Laurendeau

Fröhliche Weihnachten!
156

Fröhliche Weihnachten

Aug. Reiss-Lazard, Colmar i. Els.
Ehrmann 1902

L'Enfant et le Jouet en Alsace

En observant les photographies anciennes et chromos de ce chapitre, on identifie aisément les jouets préférés des petits Alsaciens au début du vingtième siècle. Cette période correspond à l'âge d'or des jouets, car le talent et l'ingéniosité de leurs concepteurs se sont pleinement épanouis. Avec l'appui de brevets déterminants dans leur fabrication en série, comme le coulage des têtes en porcelaine ou la réalisation des yeux en émail pour les poupées. Le travail du carton-pâte, puis du métal en volume pour les jouets des garçons.

Tous ces procédés conjugués ont contribué à une grande créativité et aussi à l'émulation entre les ateliers car le marché du jouet et de la poupée était très lucratif. Le jouet s'est également développé sous la prise en compte de son rôle éducatif. Les préceptes novateurs énoncés par Jean-Jacques Rousseau et l'action du Pasteur Oberlin ont eu un écho dans la pédagogie des enfants. On comprit le rôle didactique du jouet. L'éducation réussie des petits passait par des supports adaptés à ses centres d'intérêt. Le jouet qui n'était à l'origine que décoratif ou réservé aux jeux des adultes (lanternes magiques, marionnettes) prit une orientation ludique et éducative. Les procédés industriels de sa fabrication au début du vingtième siècle permirent de les commercialiser à bon marché, sans nuire à leur qualité. Toute la production de Joustra en est la preuve.

Les petites filles d'Alsace posent en compagnie de leur poupée, habillée à la mode, comme l'encourageaient les journaux de l'époque en diffusant des patrons pour réaliser des trousseaux.

Le plus fameux de ces magazines était *La semaine de Suzette*, hebdomadaire, qui proposait à ses lectrices abonnées une poupée nommée Bleuette qui fût vendue pendant soixante ans !

Cet engouement pour les poupées de mode fut tout d'abord citadin mais bien vite il s'étendit à toutes les régions rurales qui à leur tour habillèrent du costume local les poupées achetées chez le mercier du village. A la vue de ces Alsaciens posant chez le photographe, on ressent à notre tour le bonheur qu'ils ont eu à poser en compagnie de leur jouet préféré. Il est bon de préciser que le portrait photographique n'était pas banalisé comme de nos jours, ce qui démontre le statut social du jouet et la considération qu'on lui portait.

Imaginerait-on aujourd'hui nos enfants allant poser chez le photographe avec une console de jeux vidéo ?

Herzlichen Weihnachtsgruß

KNOPF PAINS D'EPICES de GERTWILLER
PAINS D'EPICES
GERTWILLE

E. Schweitzer

Les Musées à visiter

Musée historique de la ville de Mulhouse
4, rue des archives, 68110 Mulhouse.

Musée historique de la ville de Strasbourg
Place de la grande boucherie, 67000 Strasbourg.

Musée de l'imagerie peinte, populaire et alsacienne
38, rue du Docteur Schweitzer, 67350 Pfaffenhoffen.

Ecomusée d'Alsace
Ungersheim.

Musée Westercamp
4, rue du Musée, 67160 Wissembourg.

La Nef des Jouets
12, rue Jean Jaurès, 68360 Soultz.

Musée du jouet et du petit train
40, rue Vauban, 68000 Colmar

Maison rurale de l'Outre-Forêt
1 place de l'église, 67250 Kutzenhausen.

Musée Oberlin
Presbytère Waldersbach.

Musée de l'Œuvre Notre Dame
Strasbourg

Maison de Hansi
16, rue du Général de Gaulle, 68340 Riquewihr.

La librairie du Jouet
Site internet : www.lalibrairiedujouet.net

Les Collections de Jeux et Jouets des Musées d'Alsace

Musée de l'Œuvre Notre-Dame de Strasbourg (67):
La superbe maison de poupées de la page 132

Musée historique à Strasbourg (67) :
Petits soldats de Strasbourg en carton découpé et aquarellé.

Musée alsacien à Strasbourg (67) :
Des poupées et des jouets du monde rural, des soldats de papier et un importante section consacrée au pasteur Oberlin.

Musée historique à Mulhouse (68) :
Collection de poupées, de jouets et dînettes, également des marionnettes.

Musée Oberlin à Waldersbach (67) :
La collection de jouets du Pasteur et tout le matériel pédagogique qu'il a élaboré.

Musée de l'imagerie à Pfaffenhoffen (67) :
Collection de peintures sous verre et de petits soldats.

Musée Westercamp à Wissembourg (67) :
Collection d'images Wentzel. Bois gravés et planches originales.

Musée La Nef des jouets à Soultz (68) :
Entièrement consacré aux jouets de toutes les époques et de tous les pays, présentés dans un cadre exceptionnel.
Quatre expositions thématiques par an.

Maison de Hansi à Riquewihr (68) :
Collection de poupées de Hansi.

Bibliographie

L'imagerie Wentzel de Wissembourg au dix-neuvième siècle
par Dominique Lerch - Librairie Istra, 1982.

Les petits soldats d'Alsace
par Jean Pierre Klein - Editions Jean Pierre Gyss.

Le musée de l'imagerie peinte et populaire alsacienne de Pffaffenhofen
par L. Kieffer et F. Lotz, 1974 - Catalogue d'exposition.

Arts et traditions populaires d'Alsace
par Georges Klein - Editions Alsatia, 1980.

Imagerie populaire en Alsace et dans l'Est de la France
par Dominique Lerch - Presse universitaire de Nancy, 1992

Crédit photographique

Collection de jouets J. et R. Haeusser, la Nef des Jouets
Photos de C. Kempf, pages 4/ 8/ 13/ 14/ 30/ 32/ 54/ 55/ 56/ 57/ 114/ 126/ 130/

Collection du Musée Historique de Mulhouse
Photos de C. Kempf, page 15

Collection des Musées de Strasbourg
Photos des Musées de Strasbourg, pages 10/ 15/ 16/ 120/ 129/ 131/ 132/ 133

Collection du Musée Westercamp de Wissembourg
Photos de C. Kempf, pages 18 à 29, pages 122/123/130

Collection particulière JOUSTRA
Photos de C. Kempf.

Collection particulière de Jouets BUGATTI
Photos de C. Kempf.

Collection de Maître François Lotz
Photos de C. Kempf, pages 33 à 57.

Collection du Musée Hansi de Riquewihr
Photos de C. Kempf, pages 142 à 147.

Collection du Musée Oberlin à Waldersbach
Photos de A. Huber et J. P. Gyss.

Table des Matières

Achevé d'imprimer sur les presses Beta à Barcelone
Dépôt légal : Novembre 2008

GOTT
MIT
UNS
HANSI